Impressum
Verlag: BABADADA GmbH, Nedderfeld 112 , 22529 Hamburg
Geschäftsführer / Verlagsleitung: Harald Hof
Druck: Books on Demand GmbH, In de Tarpen 42, 22848 Norderstedt

Imprint
Publisher: BABADADA GmbH, Nedderfeld 112 , 22529 Hamburg, Germany
Managing Director / Publishing direction: Harald Hof
Print: Books on Demand GmbH, In de Tarpen 42, 22848 Norderstedt, Germany

skola
школа

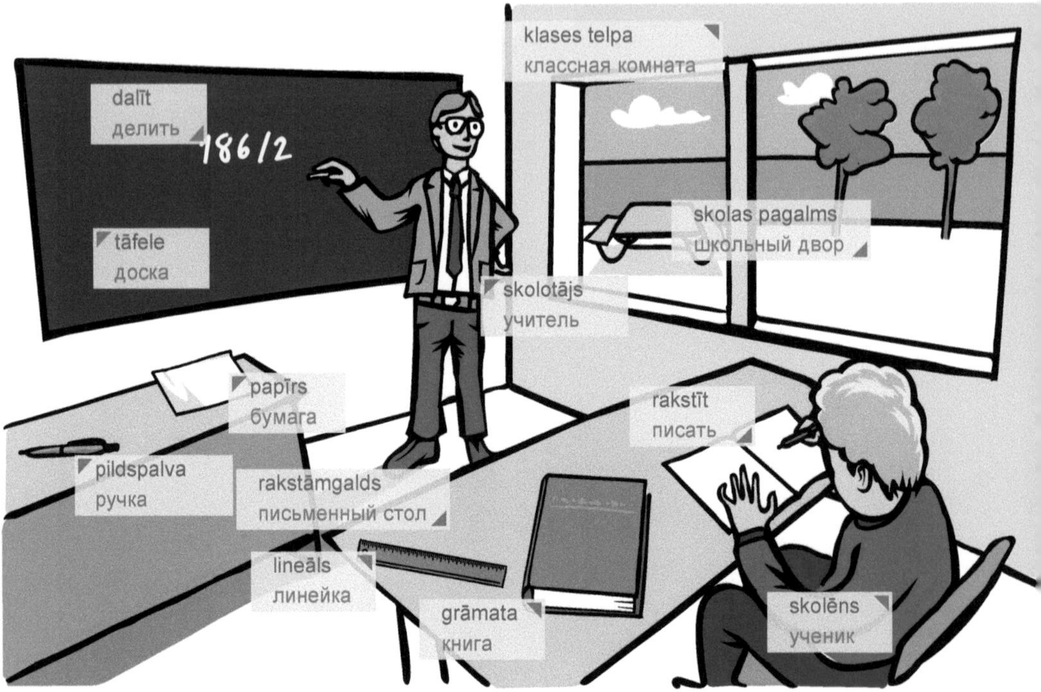
klases telpa
классная комната
dalīt
делить
186/2
tāfele
доска
skolas pagalms
школьный двор
skolotājs
учитель
papīrs
бумага
rakstīt
писать
pildspalva
ручка
rakstāmgalds
письменный стол
lineāls
линейка
grāmata
книга
skolēns
ученик

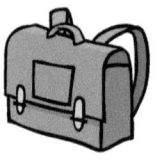

skolas soma
ранец

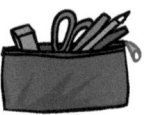

penālis
пенал

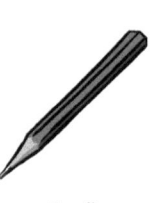

zīmulis
карандаш

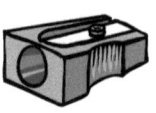

zīmuļu asināmais
точилка

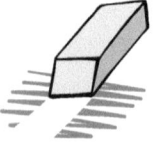

dzēšgumija
ластик

zīmēšanas bloks
альбом для рисования

zīmējums

рисунок

ota

кисточка

krāsas

коробка красок

šķēres

ножницы

līme

клей

darba burtnīca

тетрадь

mājas darbs

домашняя работа

skaitlis

цифра

saskaitīt

прибавлять

atņemt

вычитать

reizināt

умножать

rēķināt

считать

burts

буква

alfabēts

алфавит

vārds

слово

teksts

текст

lasīt

читать

krīts

мел

mācību stunda

урок

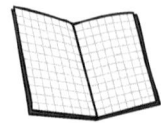

žurnāls

классный журнал

eksāmens

экзамен

liecība

диплом

skolas forma

школьная форма

izglītība

образование

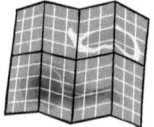

enciklopēdija

энциклопедия

universitāte

университет

mikroskops

микроскоп

karte

карта

papīrgrozs

корзина для бумаг

ceļojums

путешествие

viesnīca
гостиница
Grand
hostelis
турбаза
ROOMS
valūtas maiņas punkts
пункт обмена валюты
čemodāns
чемодан
automašīna
автомобиль

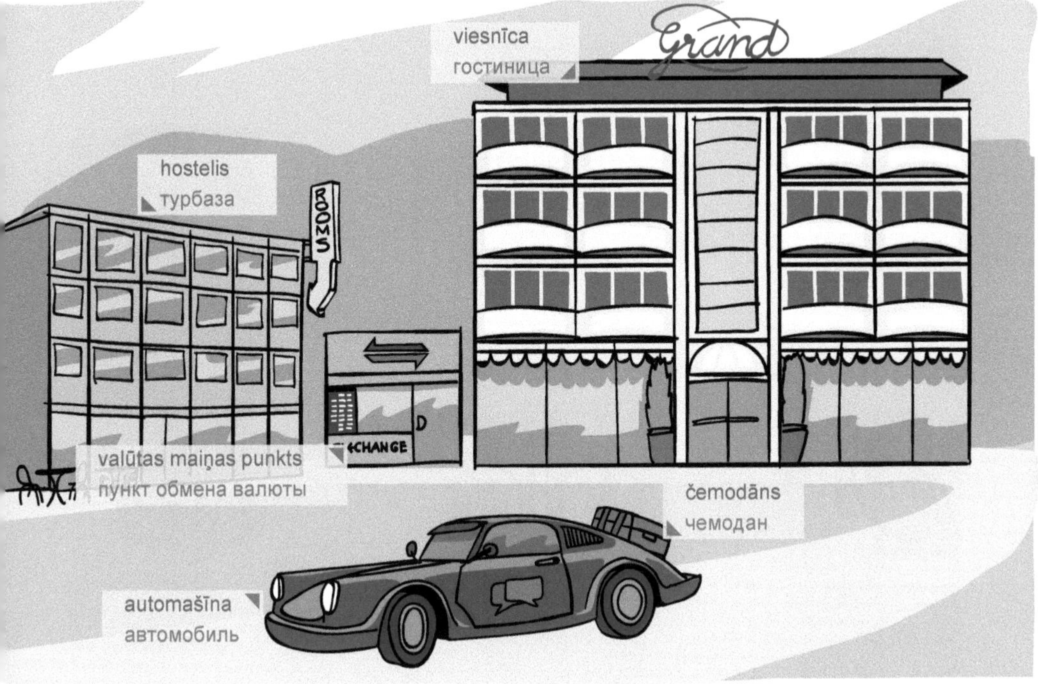

Valoda

язык

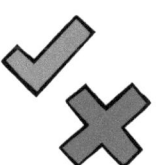

jā / nē

да / нет

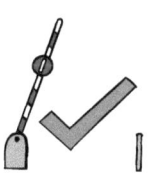

Okay

хорошо

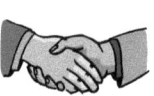

Sveiki!

Привет

tulks

переводчик

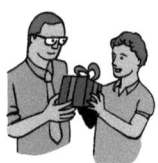

paldies

Спасибо

Cik maksā...?

Сколько стоит...?

Es nesaprotu

Я не понимаю

problēma

проблема

Labvakar!

Добрый вечер!

Labrīt!

Доброе утро!

Ar labu nakti!

Доброй ночи!

Uz redzēšanos

До свидания

virziens

направление

bagāža

багаж

soma

сумка

mugursoma

рюкзак

viesis

гость

istaba

комната

guļammaiss

спальный мешок

telts

палатка

tūrisma informācija

туристическая информация

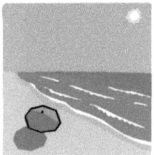

pludmale

пляж

kredītkarte

кредитная карточка

brokastis

завтрак

pusdienas

обед

vakariņas

ужин

biļete

билет

lifts

лифт

pastmarka

почтовая марка

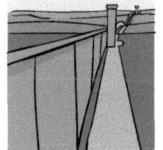

robeža

граница

muita

таможня

vēstniecība

посольство

vīza

виза

pase

паспорт

transports

транспорт

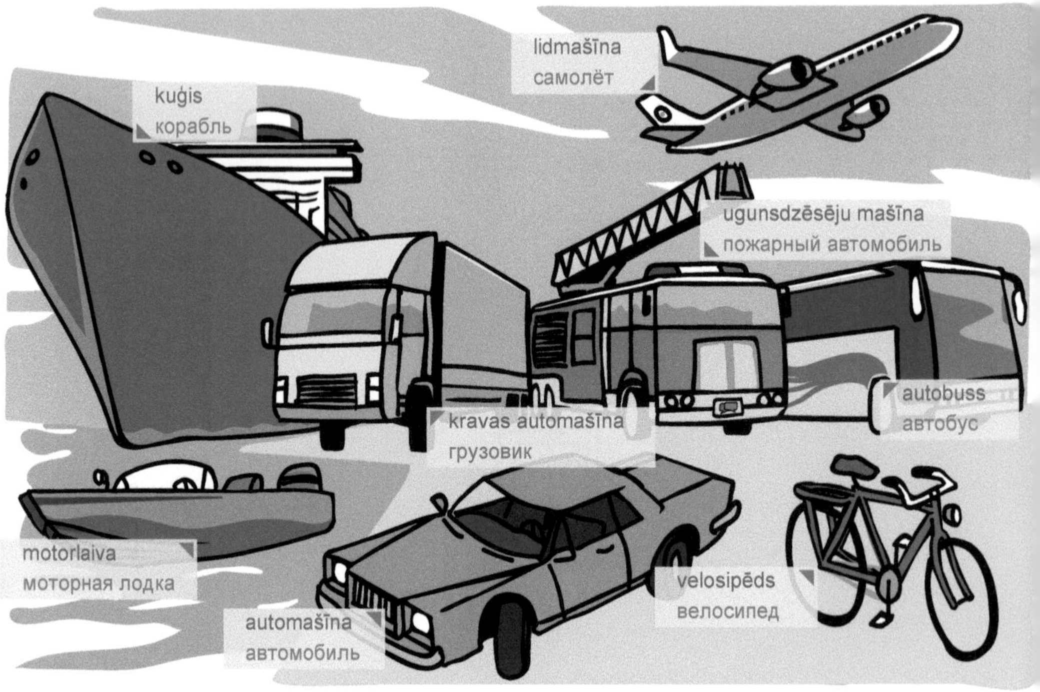

lidmašīna
самолёт
kuģis
корабль
ugunsdzēsēju mašīna
пожарный автомобиль
autobuss
автобус
kravas automašīna
грузовик
motorlaiva
моторная лодка
velosipēds
велосипед
automašīna
автомобиль

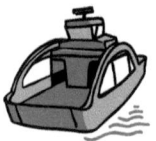

prāmis

паром

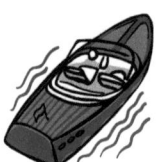

laiva

лодка

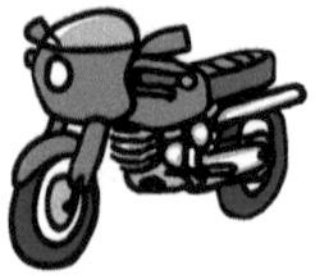

motocikls

мотоцикл

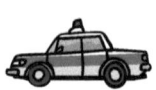

policijas automašīna

полицейский автомобиль

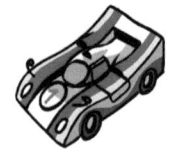

sacīkšu automobilis

гоночный автомобиль

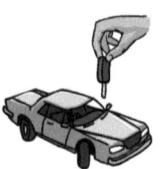

nomas auto

арендованный автомобиль

auto koplietošana

совместное пользование
автомобилями

evakuators

буксировочный
автомобиль

atkritumu mašīna

мусоровоз

dzinējs

двигатель

benzīns

топливо

degvielas uzpildes stacija

заправка

ceļa zīme

дорожный знак

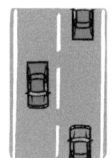

satiksme

движение

sastrēgums

пробка

stāvvieta

автостоянка

dzelzceļa stacija

вокзал

sliedes

рельсы

vilciens

поезд

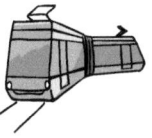

tramvajs

трамвай

vagons

вагон

helikopters

вертолёт

lidosta

аэропорт

tornis

вышка

pasažieris

пассажир

konteiners

контейнер

kaste

коробка

ratiņi

тележка

grozs

корзина

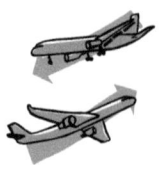

pacelties / nosēsties

взлетать / приземляться

pilsēta

город

ciems

деревня

pilsētas centrs

центр города

māja

дом

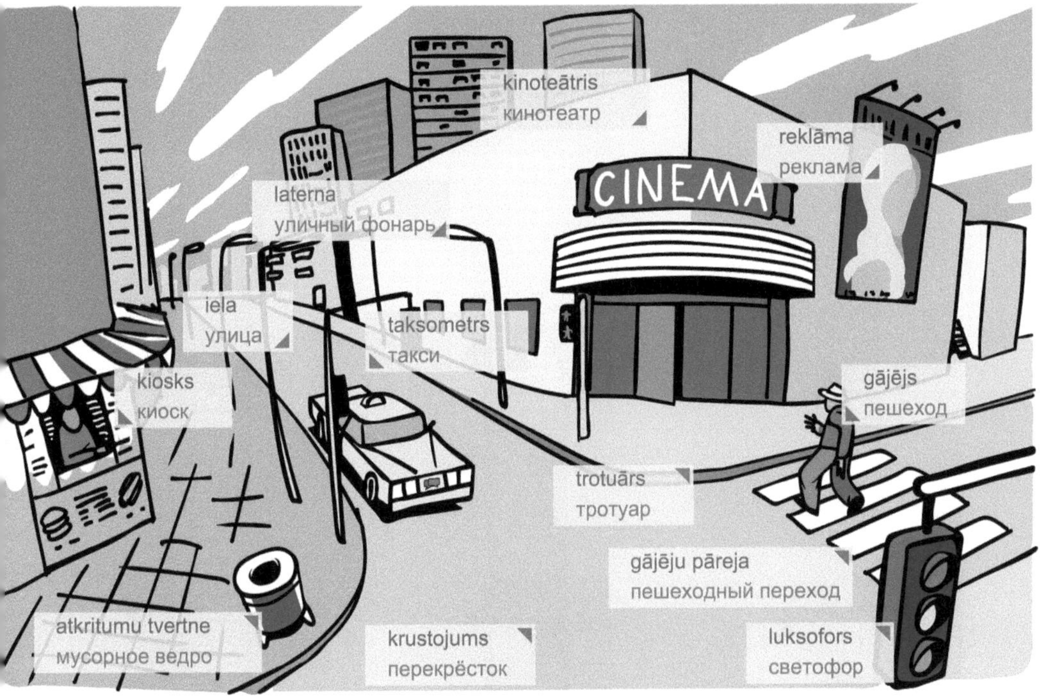
kinoteātris
кинотеатр
reklāma
реклама
CINEMA
laterna
уличный фонарь
iela
улица
taksometrs
такси
kiosks
киоск
gājējs
пешеход
trotuārs
тротуар
gājēju pāreja
пешеходный переход
atkritumu tvertne
мусорное ведро
krustojums
перекрёсток
luksofors
светофор

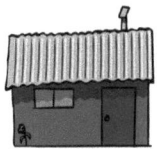

būda

хижина

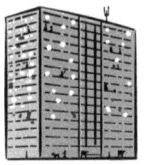

dzīvoklis

квартира

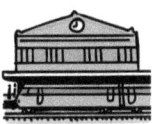

dzelzceļa stacija

вокзал

rātsnams

ратуша

MUSEUM

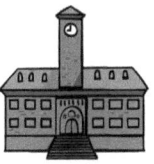

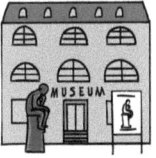

muzejs

музей

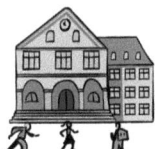

skola

школа

universitāte

университет

banka

банк

slimnīca

больница

viesnīca

гостиница

aptieka

аптека

birojs

офис

grāmatnīca

книжный магазин

veikals

магазин

ziedu veikals

цветочный магазин

lielveikals

супермаркет

tirgus

рынок

tirdzniecības centrs

универмаг

zivju tirgotājs

торговец рыбой

tirdzniecības centrs

торговый центр

osta

порт

parks

парк

sols

скамейка

tilts

мост

kāpnes

лестница

metro

метро

tunelis

тоннель

autobusa pieturvieta

автобусная остановка

bārs

бар

restorāns

ресторан

pastkastīte

почтовый ящик

ielas nosaukuma plāksne

табличка с названием улицы

stāvlaika skaitītājs

паркометр

zooloģiskais dārzs

зоопарк

peldbaseins

бассейн

mošeja

мечеть

zemnieku saimniecība

ферма

vides piesārņojums

загрязнение окружающей среды

kapsēta

кладбище

baznīca

церковь

spēļu laukums

детская площадка

templis

храм

ainava

ландшафт

lapa
лист

ceļrādis
дорожный указатель

ceļš
дорога

pļava
луг

akmens
камень

koks
дерево

ceļotājs
путешественник

upe
река

zāle
трава

puķe
цветок

ieleja

долина

kalns

гора

ezers

озеро

mežs

лес

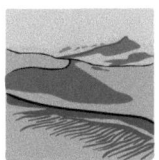

tuksnesis

пустыня

vulkāns

вулкан

pils

замок

varavīksne

радуга

sēne

гриб

palma

пальма

moskīts

комар

muša

муха

skudra

муравей

bite

пчела

zirneklis

паук

vabole

жук

varde

лягушка

vāvere

белка

ezis

еж

zaķis

заяц

pūce

сова

putns

птица

gulbis

лебедь

meža cūka

кабан

briedis

олень

alnis

лось

aizsprosts

плотина

vēja ģenerators

ветряной генератор

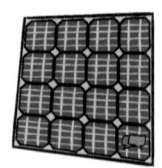

saules baterija

солнечная батарея

klimats

климат

restorāns

ресторан

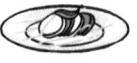

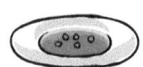

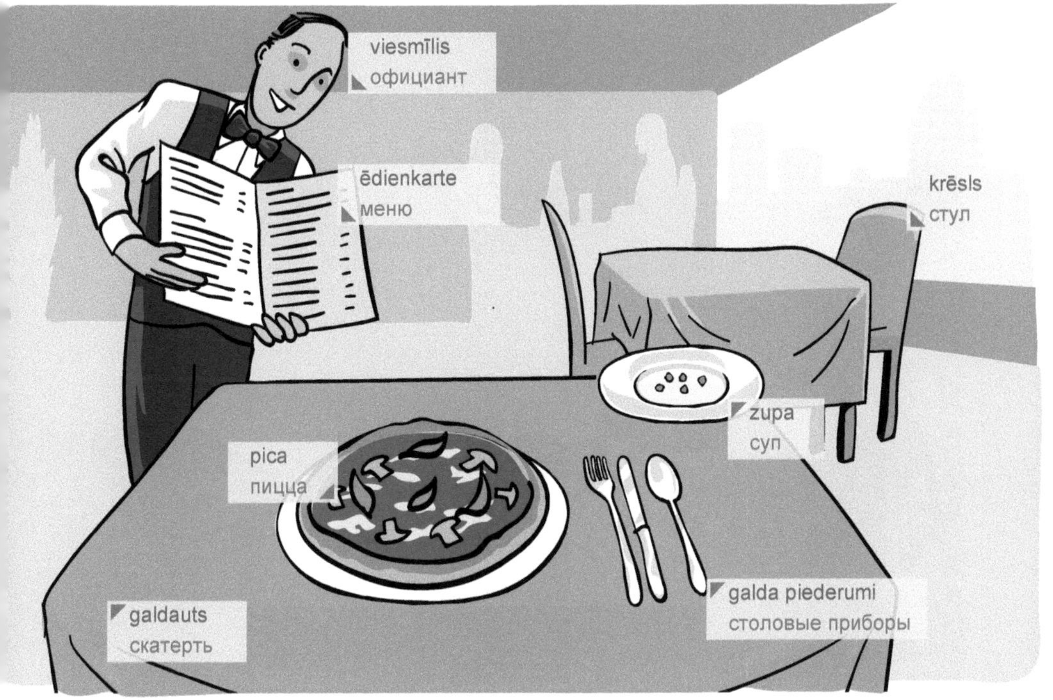
viesmīlis
официант
ēdienkarte
меню
krēsls
стул
zupa
суп
pica
пицца
galdauts
скатерть
galda piederumi
столовые приборы

uzkoda

закуска

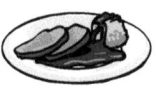

pamatēdiens

главное блюдо

deserts

десерт

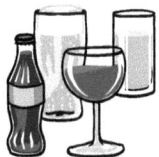

dzērieni

напитки

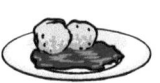

ēdiens

еда

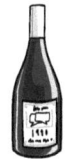

pudele

бутылка

ātrās uzkodas

фастфуд

ielu uzkodas

уличная еда

tējkanna

чайник

cukurtrauks

сахарница

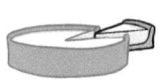

porcija

порция

espresso kafijas automāts

кофеварка

bāra krēsls

детский стульчик

rēķins

счет

paplāte

поднос

nazis

нож

dakša

вилка

karote

ложка

tējkarote

чайная ложка

salvete

салфетка

glāze

стакан

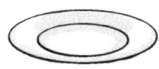

šķīvis

тарелка

zupas šķīvis

суповая тарелка

apakštase

блюдце

mērce

соус

sāls trauciņš

солонка

piparu dzirnaviņas

мельница для перца

etiķis

уксус

eļļa

масло

garšvielas

специи

kečups

кетчуп

sinepes

горчица

majonēze

майонез

lielveikals

супермаркет

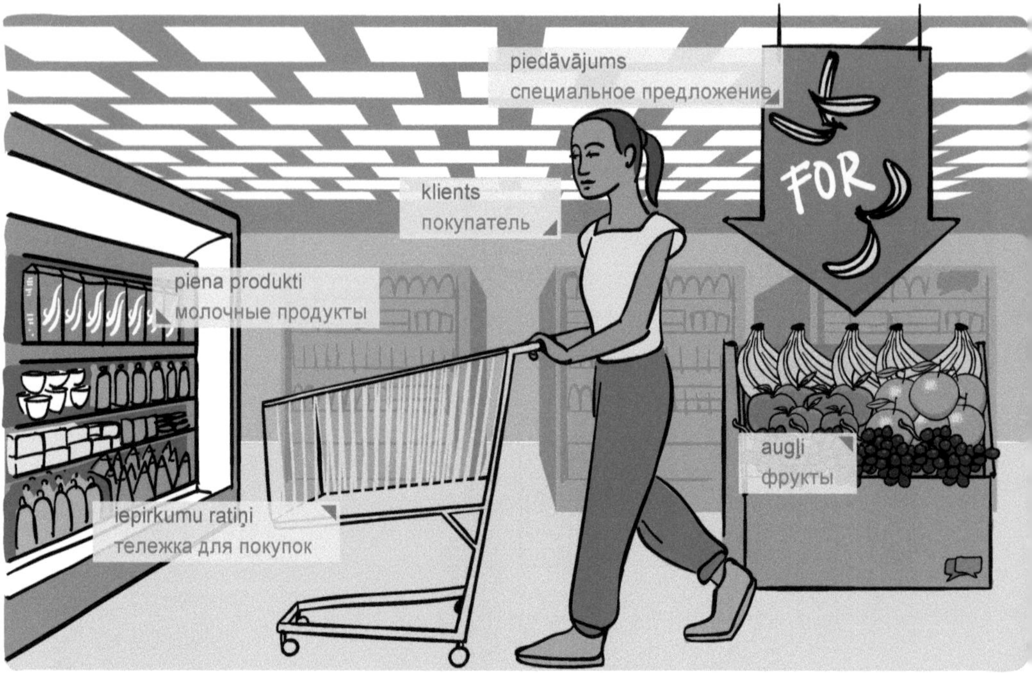
piedāvājums
специальное предложение
FOR
klients
покупатель
piena produkti
молочные продукты
augļi
фрукты
iepirkumu ratiņi
тележка для покупок

BUTCHERS

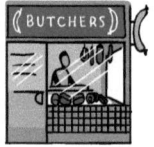

kautuve

мясной магазин

BAKERY

maizes veikals

пекарня

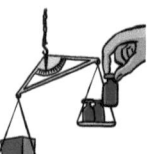

svērt

взвешивать

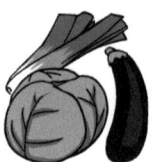

dārzeņi

овощи

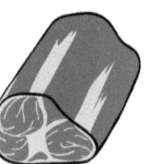

gaļa

мясо

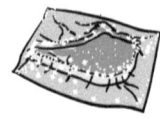

saldēti produkti

быстрозамороженные продукты

aukstās gaļas uzkodas

нарезка

konservi

консервы

pulveris

стиральный порошок

saldumi

сладости

mājsaimniecības preces

предмет домашнего
обихода

tīrīšanas līdzeklis

моющее средство

pārdevēja

продавщица

kase

касса

kasieris

кассир

iepirkumu saraksts

список покупок

darba laiks

время работы

maks

бумажник

kredītkarte

кредитная карточка

soma

сумка

maisiņš

полиэтиленовый пакет

ūdens

вода

sula

сок

piens

молоко

kola

кока-кола

vīns

вино

alus

пиво

alkohols

алкоголь

kakao

какао

tēja

чай

kafija

кофе

espresso

эспрессо

kapučīno

капучино

banāns

банан

ābols

яблоко

apelsīns

апельсин

melone

арбуз

citrons

лимон

burkāns

морковь

ķiploks

чеснок

bambuss

бамбук

sīpols

лук

sēne

гриб

rieksti

орехи

makaroni

лапша

spageti

спагетти

rīsi

рис

salāti

салат

frī kartupeļi

картофель фри

cepti kartupeļi

жареный картофель

pica

пицца

hamburgers

гамбургер

sviestmaize

сэндвич

šnicele

шницель

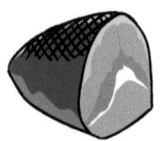

šķiņķis

ветчина

salami

салями

desa

колбаса

vista

курица

cepetis

жаркое

zivs

рыба

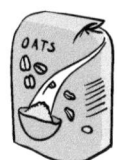

auzu pārslas

овсяные хлопья

muslis

мюсли

brokastu pārslas

кукурузные хлопья

milti

мука

radziņš

круассан

brokastu maizītes

булочка

maize

хлеб

tostermaize

тост

cepumi

печенье

sviests

масло

biezpiens

творог

kūka

пирог

ola

яйцо

cepta ola

яичница

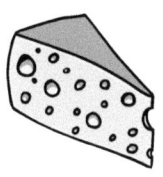

siers

сыр

saldējums

мороженое

cukurs

сахар

medus

мёд

marmelāde

мармелад

riekstu krēms

крем с нугой

karijs

карри

zemnieku saimniecība
ферма

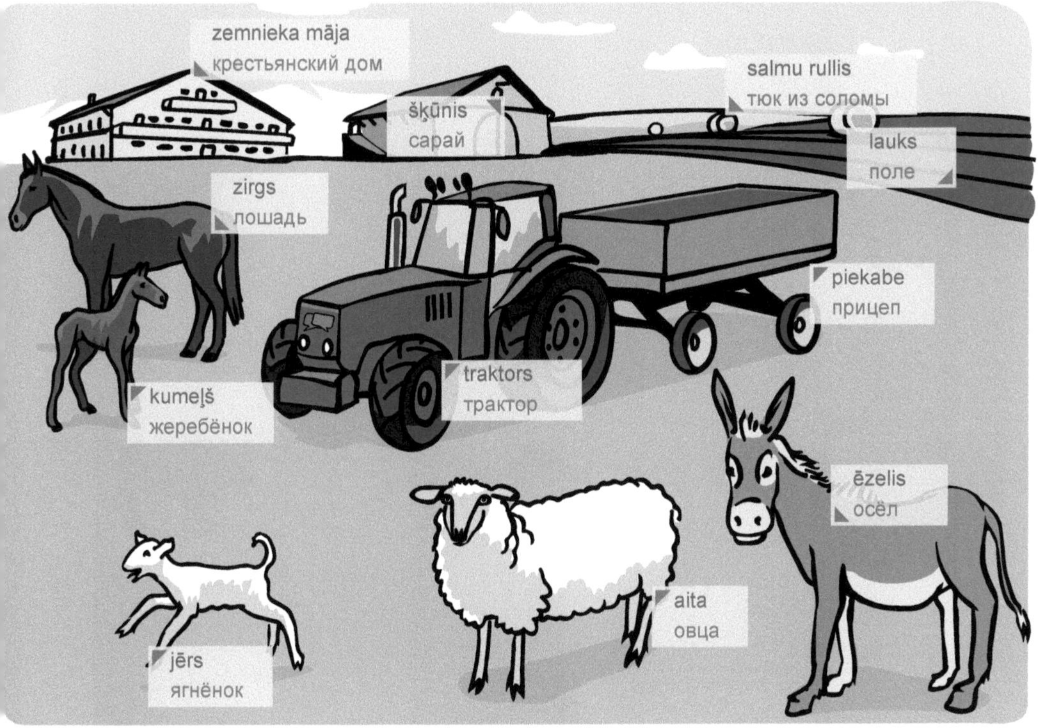
zemnieka māja
крестьянский дом
salmu rullis
тюк из соломы
šķūnis
сарай
lauks
поле
zirgs
лошадь
piekabe
прицеп
traktors
трактор
kumeļš
жеребёнок
ēzelis
осёл
aita
овца
jērs
ягнёнок

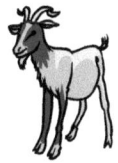

kaza
коза

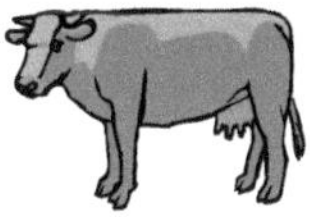
govs
корова

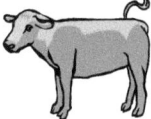

teļš
телёнок

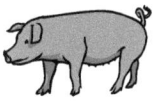

cūka
свинья

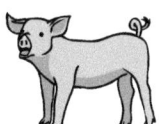

sivēns
поросёнок

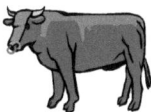

bullis
бык

zoss

гусь

pīle

утка

cālis

цыплёнок

vista

курица

gailis

петух

žurka

крыса

kaķis

кошка

pele

мышь

vērsis

вол

suns

собака

suņa būda

конура

dārza šļūtene

садовый шланг

lejkanna

лейка

izkapts

коса

arkls

плуг

sirpis

серп

kaplis

мотыга

mēslu dakša

навозные вилы

cirvis

топор

ķerra

тачка

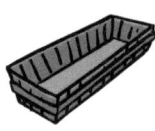

sile

корыто

piena kanna

бидон для молока

maiss

мешок

žogs

забор

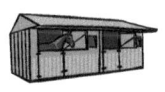

kūts

хлев

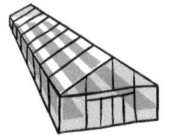

siltumnīca

теплица

augsne

почва

sēklas

посев

mēslojums

удобрение

kombains

комбайн

novākt ražu
собирать урожай

raža
урожай

jamss
ямс

kvieši
пшеница

soja
соя

kartupelis
картофель

kukurūza
кукуруза

rapsis
рапс

augļu koks
фруктовое дерево

manioka
маниок

labība
злаки

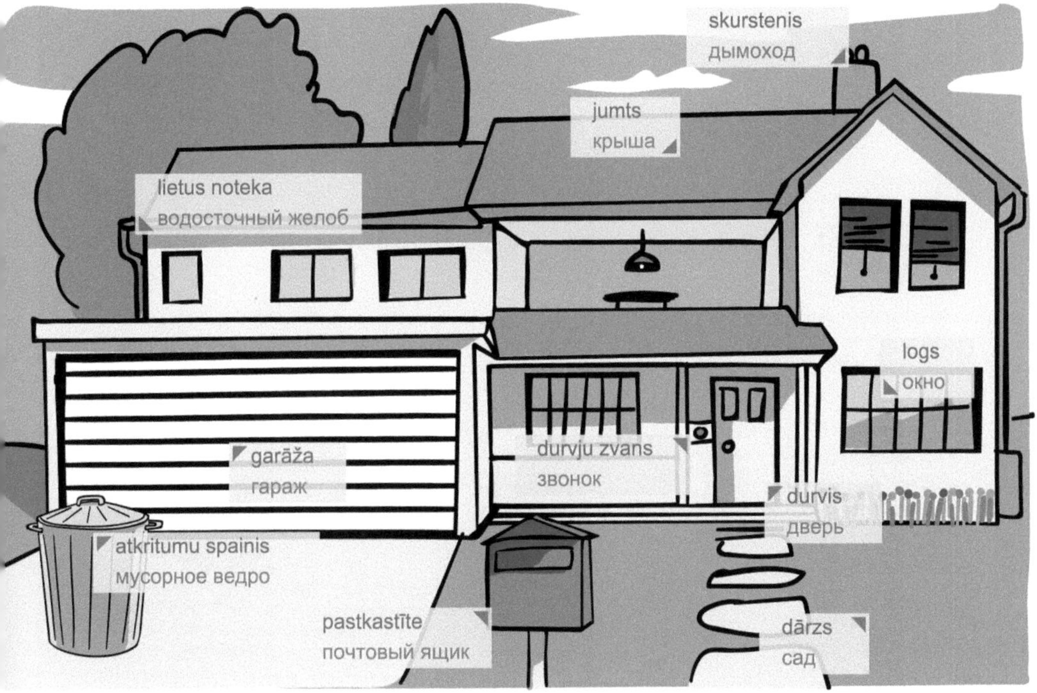

skurstenis
дымоход

jumts
крыша

lietus noteka
водосточный желоб

logs
окно

garāža
гараж

durvju zvans
звонок

durvis
дверь

atkritumu spainis
мусорное ведро

pastkastīte
почтовый ящик

dārzs
сад

viesistaba

гостиная

vannas istaba

ванная комната

virtuve

кухня

guļamistaba

спальня

bērnu istaba

детская комната

ēdamistaba

столовая

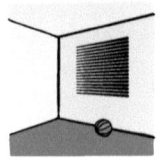

grīda

пол

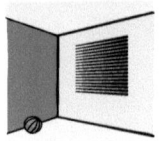

siena

стена

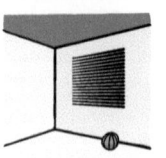

griesti

потолок

pagrabs

подвал

sauna

сауна

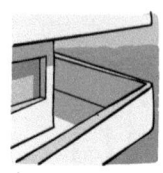

balkons

балкон

terase

терраса

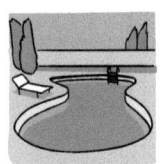

baseins

бассейн

zāles pļāvējs

газонокосилка

gultas veļa

пододеяльник

sega

покрывало

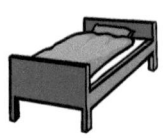

gulta

кровать

slota

метла

spainis

ведро

slēdzis

выключатель

viesistaba

гостиная

tapetes
обои
attēls
рисунок
lampa
лампа
plaukts
полка
skapis
шкаф
televizors
телевизор
kamīns
камин
puķe
цветок
spilvens
подушка
dīvāns
диван
vāze
ваза
tālvadības pults
пульт дистанционного управления

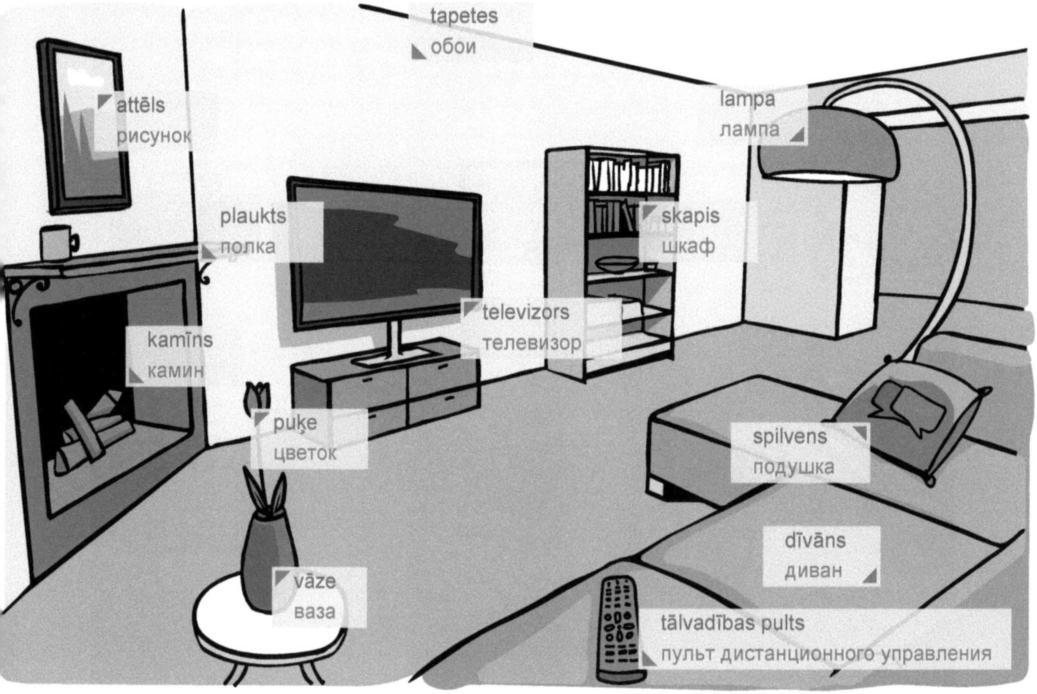

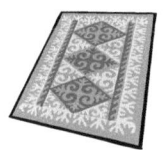

paklājs

ковёр

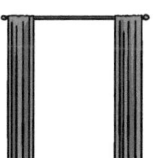

aizkars

штора

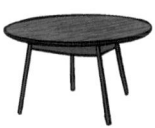

galds

стол

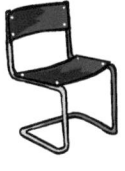

krēsls

стул

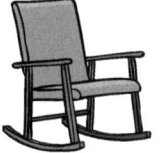

šūpuļkrēsls

кресло-качалка

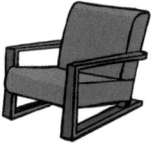

atpūtas krēsls

кресло

grāmata

книга

sega

покрывало

dekorācija

украшение

malka

дрова

filma

фильм

mūzikas centrs

стереосистема

atslēga

ключ

avīze

газета

glezna

картина

plakāts

плакат

radio

радио

pierakstu blociņš

блокнот

putekļu sūcējs

пылесос

kaktuss

кактус

svece

свеча

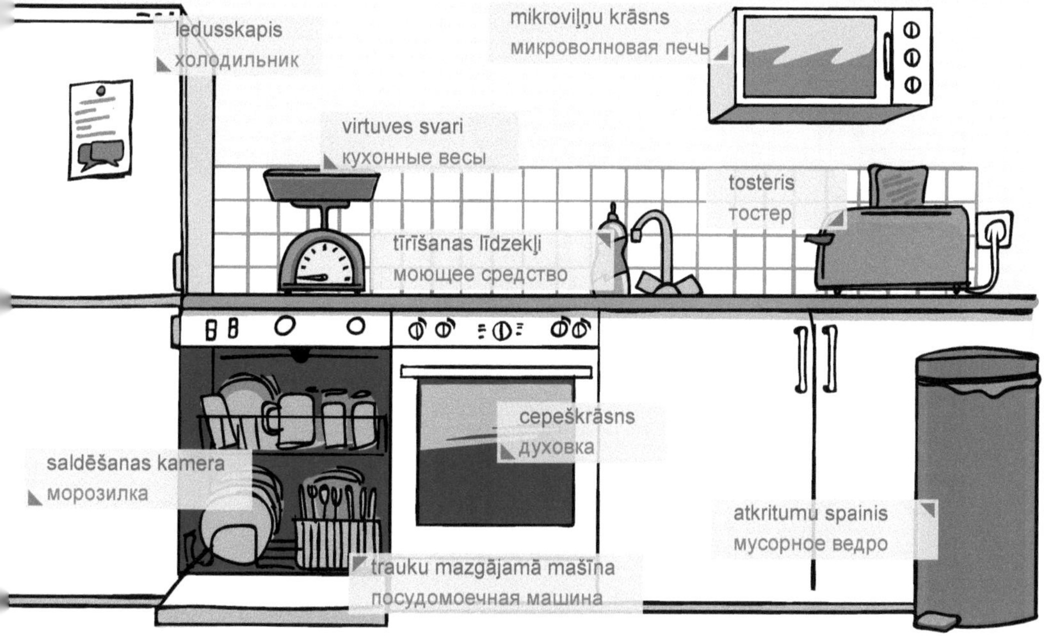

ledusskapis
холодильник

mikroviļņu krāsns
микроволновая печь

virtuves svari
кухонные весы

tosteris
тостер

tīrīšanas līdzekļi
моющее средство

cepeškrāsns
духовка

saldēšanas kamera
морозилка

atkritumu spainis
мусорное ведро

trauku mazgājamā mašīna
посудомоечная машина

plīts
плита

pods
кастрюля

katls
чугунный котелок

Wok panna
вок / кадай

panna
сковорода

elektriskā tējkanna
чайник

tvaika katls

пароварка

cepešpanna

противень

trauki

посуда

krūze

кружка

bļoda

миска

irbulīši

палочки для еды

kauss

половник

lāpstiņa

лопатка

putošanas slotiņa

сбивалка

sietiņš

сито

siets

сито

rīve

тёрка

piesta

ступка

grilēt

гриль

atklāts pavards

костёр

dēlis

доска

mīklas rullis

скалка

korķu vilķis

штопор

bundža

жестяная банка

konservu nazis

консервный нож

virtuves cimdi

прихватка

izlietne

раковина

birste

щетка

sūklis

губка

mikseris

миксер

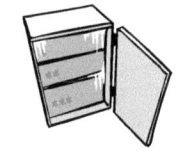

saldētava

морозильная камера

bērna pudelīte

бутылочка для кормления

ūdenskrāns

кран

vannas istaba

ванная комната

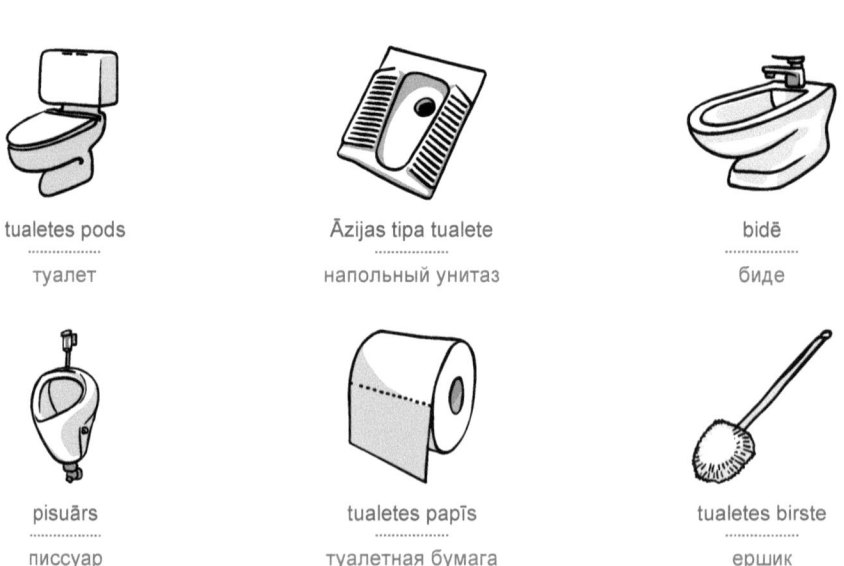

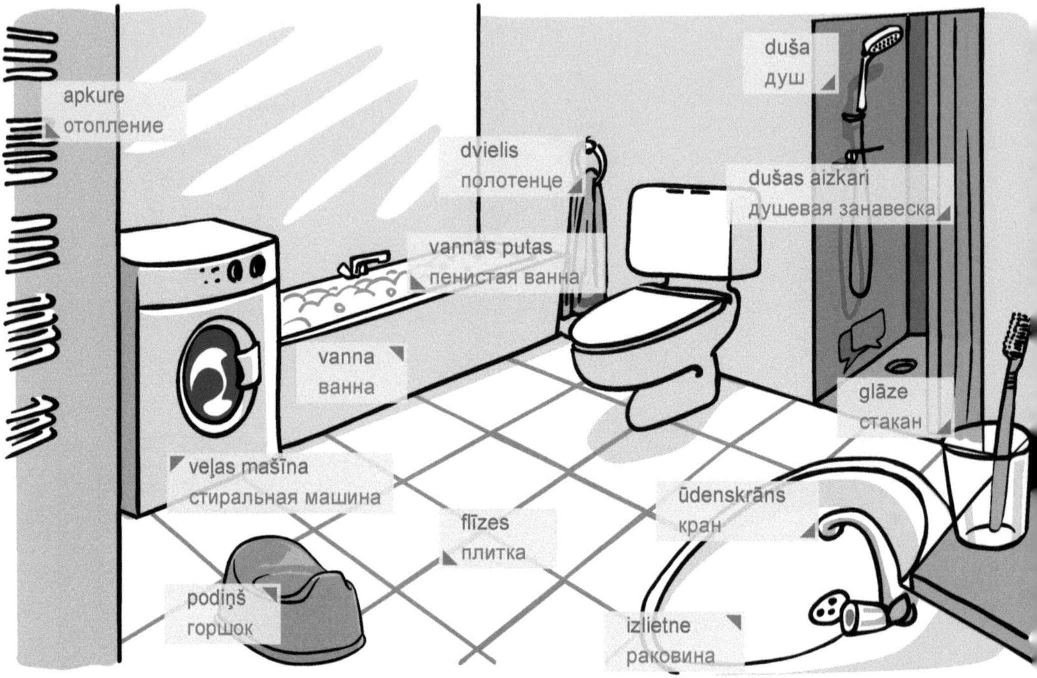

apkure
отопление
dvielis
полотенце
duša
душ
dušas aizkari
душевая занавеска
vannas putas
пенистая ванна
vanna
ванна
glāze
стакан
veļas mašīna
стиральная машина
ūdenskrāns
кран
flīzes
плитка
podiņš
горшок
izlietne
раковина

tualetes pods

туалет

Āzijas tipa tualete

напольный унитаз

bidē

биде

pisuārs

писсуар

tualetes papīs

туалетная бумага

tualetes birste

ершик

zobu birste

зубная щетка

zobu pasta

зубная паста

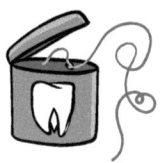

zobu diegs

зубная нить

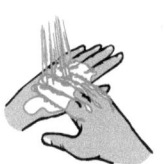

mazgāt

мыть

rokas duša

ручной душ

duša

интимный душ

bļoda

таз

muguras mazgāšanas birste

щетка для спины

ziepes

мыло

dušas želeja

гель для душа

šampūns

шампунь

mazgāšanas drāna

мочалка

noteka

сток

krēms

крем

dezodorants

дезодорант

spogulis

зеркало

spogulītis

ручное зеркало

skuveklis

бритва

skūšanās putas

пена для бритья

losjons pēc skūšanās

лосьон после бритья

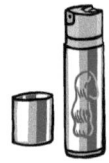

ķemme

расческа

matu suka

щетка

matu fēns

фен

matu laka

лак для волос

grima komplekts

косметика

lūpu krāsa

губная помада

nagulaka

лак для ногтей

vate

вата

šķērītes

маникюрные ножницы

smaržas

духи

kosmētikas maks

косметичка

ķeblītis

табуретка

svari

весы

halāts

халат

tīrīšanas cimdi

резиновые перчатки

tampons

тампон

pakete

гигиеническая прокладка

ķīmiskā tualete

биотуалет

bērnu istaba

детская комната

modinātājs
будильник
mīkstā rotaļlieta
мягкая игрушка
spēļu automašīna
игрушечный автомобиль
grabulis
погремушка
leļļu māja
кукольный домик
dāvana
подарок

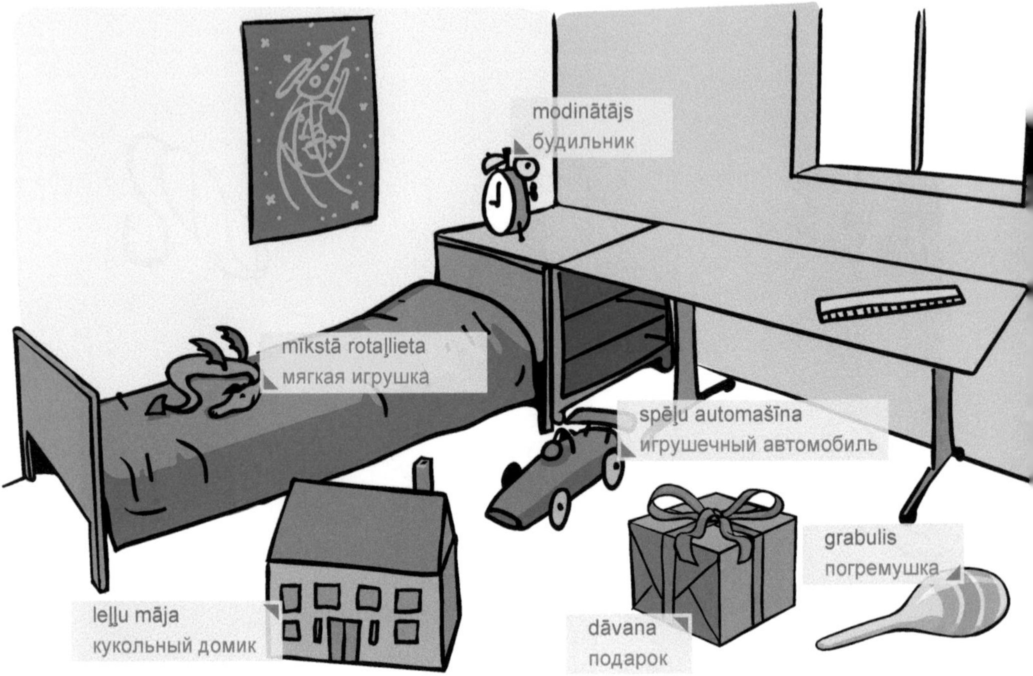

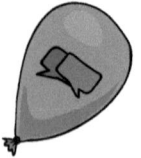

balons
воздушный шар

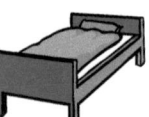

gulta
кровать

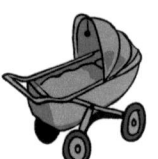

bērnu ratiņi
детская коляска

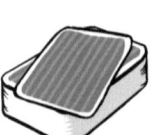

kārtis
карточная игра

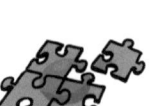

puzle
пазл

komikss
комикс

LEGO klucīši

кирпичики Лего

klucīši

кубики

varoņu figūra

игрушечная фигурка

rāpulītis

ползунки

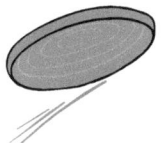

lidojošais šķīvītis

фрисби

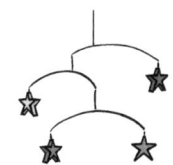

muzikālais karuselis

мобиле

galda spēle

настольная игра

metamais kauliņš

кубик

rotaļu dzelzceļš

модель железной дороги

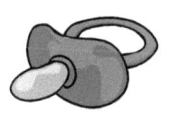

māneklis

соска

ballīte

вечеринка

bilžu grāmata

книга с картинками

bumba

мяч

lelle

кукла

spēlēt

играть

smilšu kaste

песочница

šūpoles

качели

rotaļlietas

игрушка

spēļu konsole

игровая приставка

trīsritenis

трёхколесный велосипед

plīša lācītis

плюшевый медвежонок

drēbju skapis

шкаф для одежды

apģērbs

одежда

īszeķes

носки

zeķes

чулки

zeķbikses

колготки

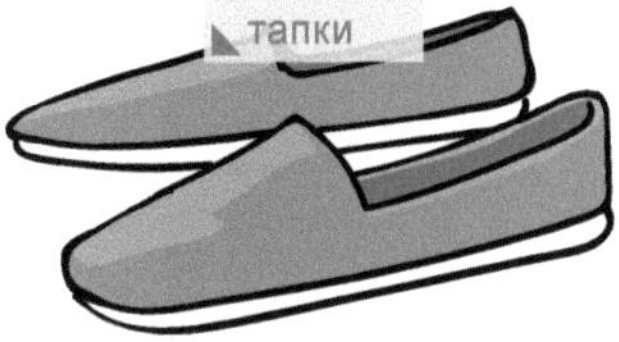

šalle
шарф

lietussargs
зонтик

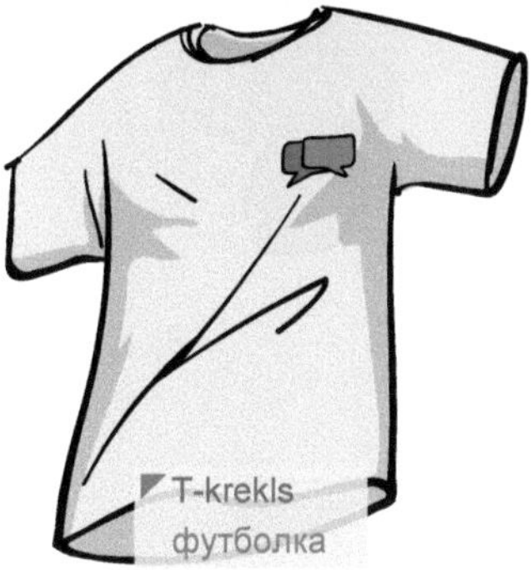

T-krekls
футболка

siksna
ремень

zābaks
сапоги

čības
тапки

botas
кроссовки

sandales

кurpes

gumijas zābaki

сандалии

ботинки

резиновые сапоги

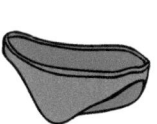

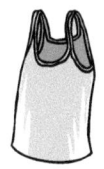

apakšbikses

krūšturis

apakškrekls

трусы

бюстгальтер

майка

bodijs

боди

bikses

брюки

džinsi

джинсы

svārki

юбка

blūze

блузка

krekls

рубашка

pulovers

свитер

džemperis

свитер

žakete

спортивная куртка

jaka

жакет

mētelis

пальто

lietus mētelis

плащ

kostīms

костюм

kleita

платье

kāzu kleita

свадебное платье

uzvalks

мужской костюм

naktskrekls

ночная сорочка

pidžama

пижама

sari

сари

lakats

платок

turbāns

тюрбан

burka

паранджа

kaftāns

кафтан

abaja

абайя

peldkostīms

купальник

peldbikses

плавки

šorti

шорты

treniņtērps

спортивный костюм

priekšauts

фартук

cimdi

перчатки

poga

пуговица

brilles

очки

rokasсprādze

браслет

kaklarota

цепочка

gredzens

кольцо

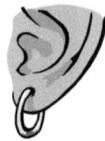

auskars

серьга

cepure

шапка

drēbju pakaramais

вешалка

platmale

шляпа

kaklasaite

галстук

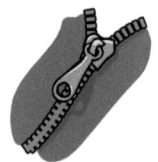

rāvējslēdzējs

застежка молния

ķivere

шлем

bikšturi

подтяжки

skolas forma

школьная форма

uniforma

форма

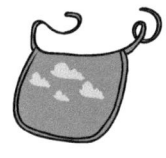

priekšautiņš

детский нагрудник

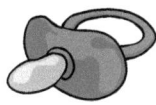

māneklis

соска

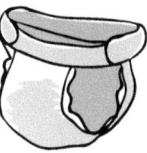

autiņbiksītes

подгузник

birojs

офис

serveris
сервер
dokumentu skapis
канцелярский шкаф
printeris
принтер
papīrs
бумага
monitors
монитор
pele
мышь
rakstāmgalds
письменный стол
dokumentu vāki
папка
klaviatūra
клавиатура
krēsls
стул
papīrgrozs
корзина для бумаг
dators
компьютер

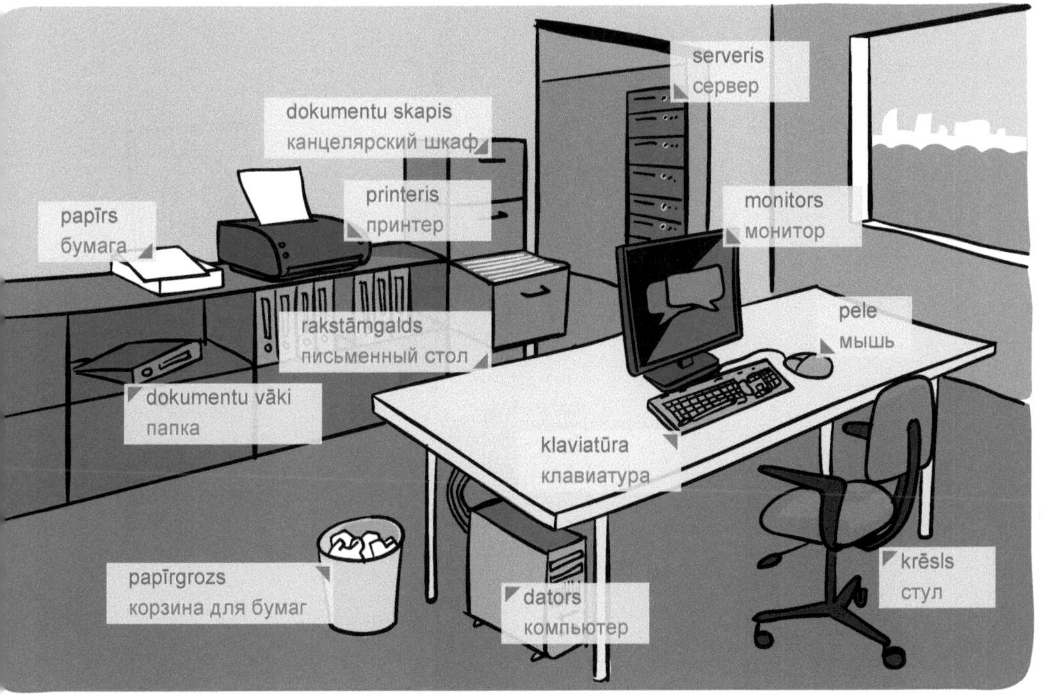

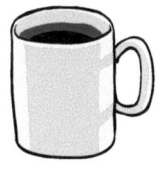

kafijas krūze

кофейная кружка

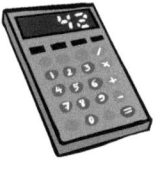

kalkulators

калькулятор

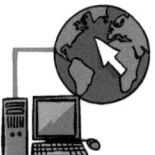

internets

интернет

portatīvais dators

ноутбук

vēstule

письмо

ziņa

сообщение

mobilais tālrunis

мобильный телефон

tīkls

сеть

kopētājs

ксерокс

programmatūra

программа

telefons

телефон

rozete

розетка

faksa aparāts

факс

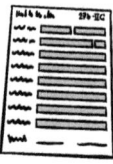

formulārs

формуляр

dokuments

документ

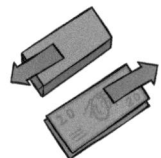

pirkt

покупать

samaksāt

платить

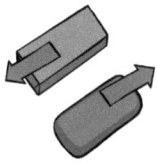

tirgot

торговать

nauda

деньги

dolārs

доллар

eiro

евро

jēna

иена

rublis

рубль

franks

франк

juaṇa renminbi

жэньминьби юань

rūpija

рупия

bankomāts

банкомат

valūtas maiņas punkts

пункт обмена валюты

zelts

золото

sudrabs

серебро

nafta

нефть

enerģija

энергия

cena

цена

līgums

договор

nodoklis

налог

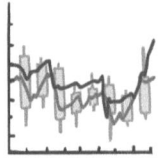

akcija

акция

strādāt

работать

darbinieks

служащий

darba devējs

работодатель

fabrika

фабрика

veikals

магазин

ekonomika - экономика

profesijas

профессии

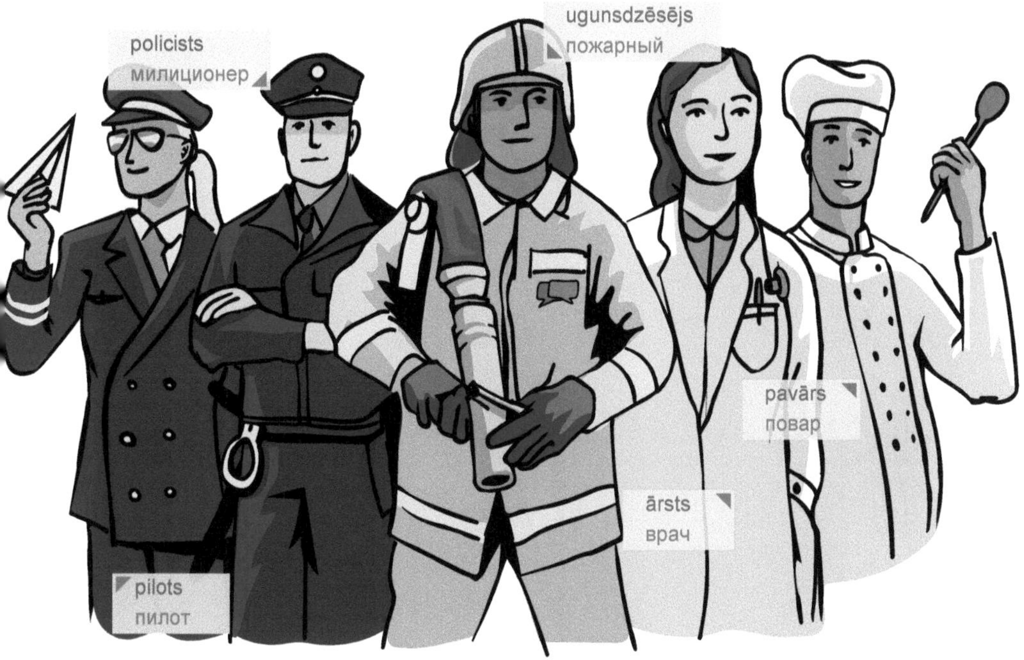

policists
милиционер
ugunsdzēsējs
пожарный
pavārs
повар
ārsts
врач
pilots
пилот

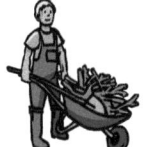

dārznieks

садовник

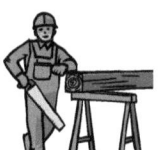

galdnieks

столяр

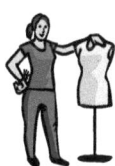

šuvēja

швея

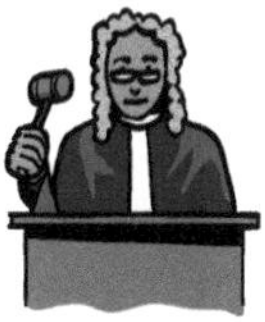

tiesnesis

судья

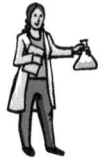

ķīmiķis

химик

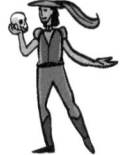

aktieris

актёр

autobusa vadītājs

водитель автобуса

taksometra vadītājs

таксист

zvejnieks

рыбак

apkopēja

уборщица

jumiķis

кровельщик

viesmīlis

официант

mednieks

охотник

gleznotājs

художник

maiznieks

пекарь

elektriķis

электрик

celtnieks

строитель

inženieris

инженер

miesnieks

мясник

skārdnieks

сантехник

pastnieks

почтальон

karavīrs

солдат

arhitekts

архитектор

kasieris

кассир

florists

флорист

frizieris

парикмахер

konduktors

кондуктор

mehāniķis

механик

kapteinis

капитан

zobārsts

зубной врач

zinātnieks

ученый

rabīns

раввин

imāms

имам

mūks

монах

mācītājs

священник

instrumenti

инструменты

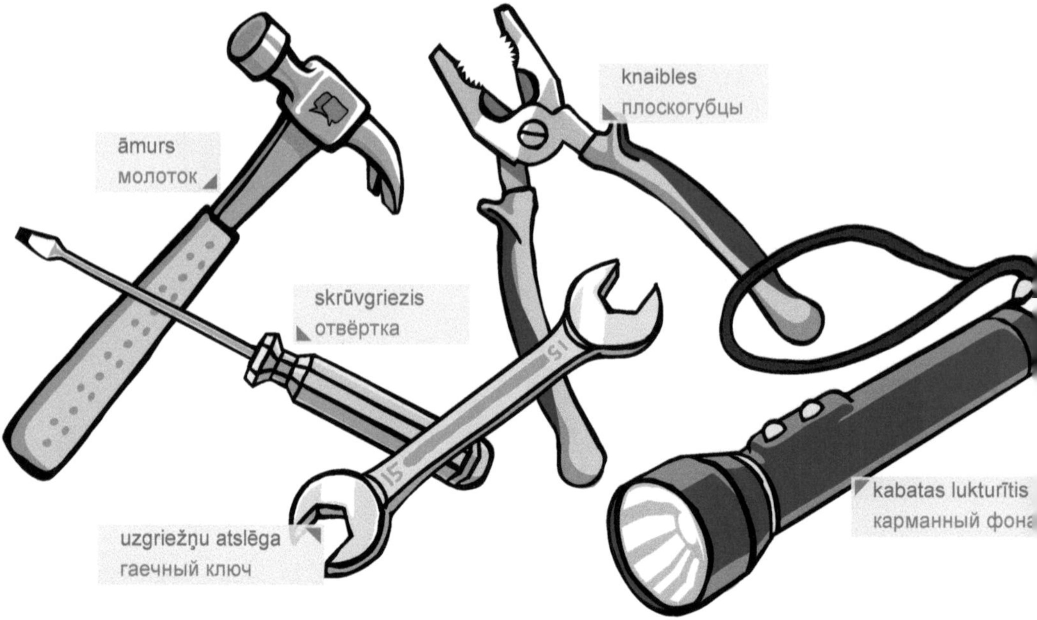

āmurs
молоток
knaibles
плоскогубцы
skrūvgriezis
отвёртка
kabatas lukturītis
карманный фона
uzgriežņu atslēga
гаечный ключ

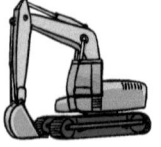

ekskavators

экскаватор

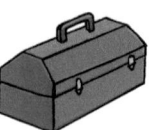

instrumentu kaste

ящик для инструментов

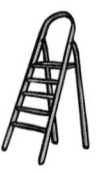

kāpnes

стремянка

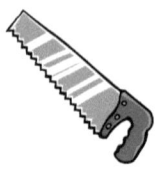

zāģis

пила

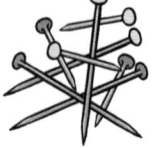

naglas

гвозди

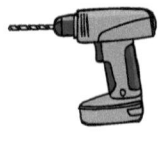

urbis

дрель

remontēt

ремонтировать

lāpsta

лопата

Velns!

Блин!

liekšķere

совок

krāsas bundža

ведро с краской

skrūves

винты

mūzikas instrumenti

музыкальные инструменты

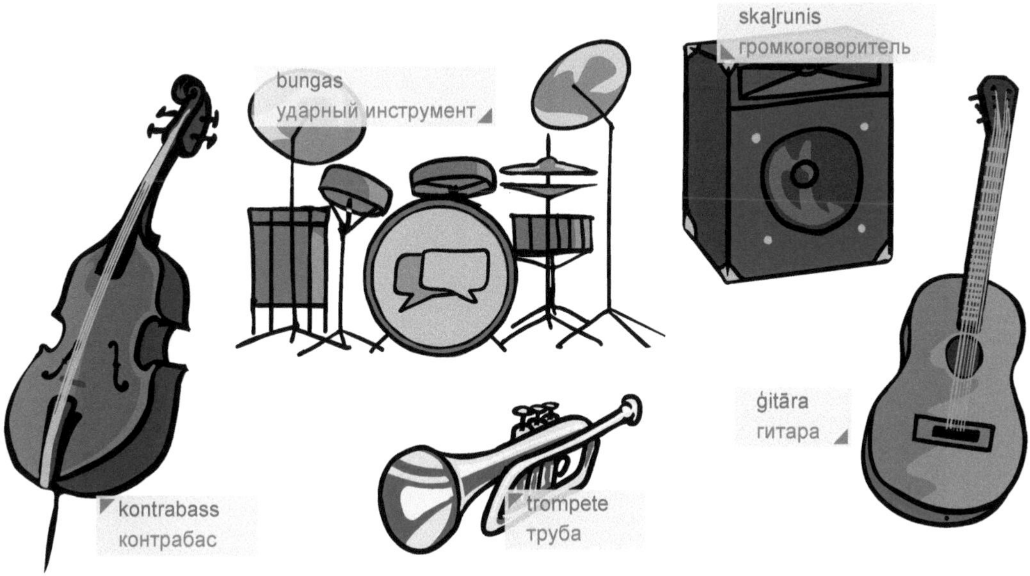

skaļrunis
громкоговоритель

bungas
ударный инструмент

ģitāra
гитара

kontrabass
контрабас

trompete
труба

klavieres

пианино

vijole

скрипка

bass

бас-гитара

timpāni

литавры

bungas

барабан

digitālās klavieres

синтезатор

saksofons

саксофон

flauta

флейта

mikrofons

микрофон

zooloģiskais dārzs
зоопарк

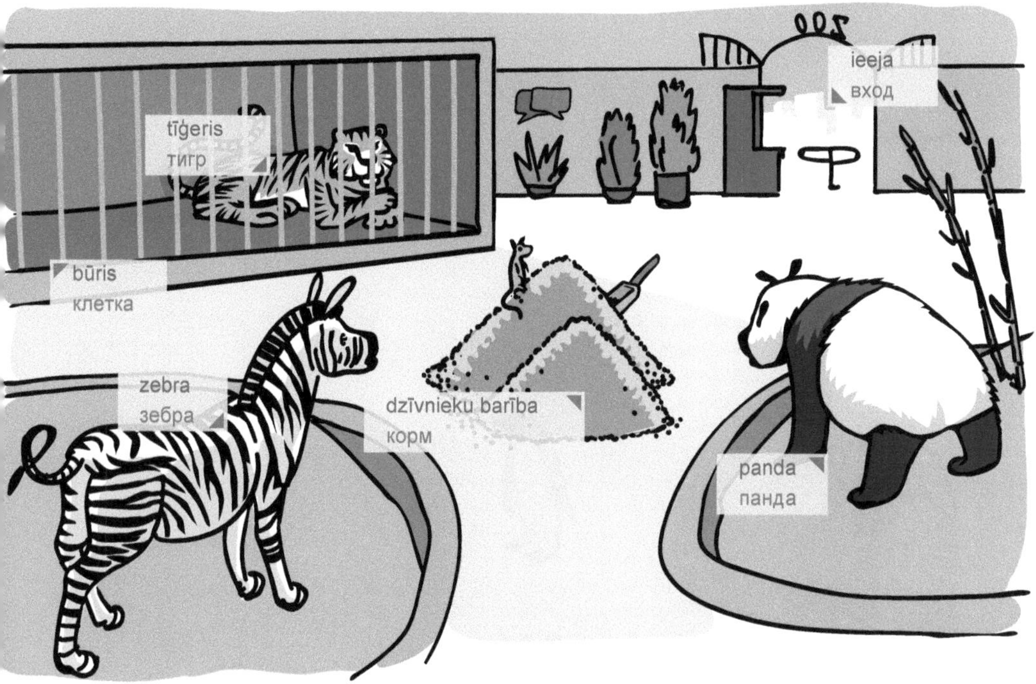

ieeja
вход
tīģeris
тигр
būris
клетка
zebra
зебра
dzīvnieku barība
корм
panda
панда

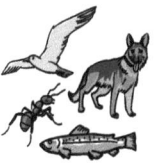

dzīvnieki

животные

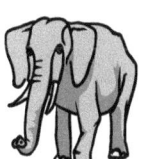

zilonis

слон

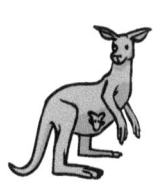

ķengurs

кенгуру

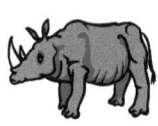

degunradzis

носорог

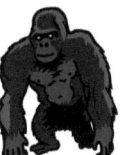

gorilla

горилла

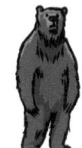

lācis

медведь

kamielis

верблюд

strauss

страус

lauva

лев

pērtiķis

обезьяна

flamings

фламинго

papagailis

попугай

polārlācis

белый медведь

pingvīns

пингвин

haizivs

акула

pāvs

павлин

čūska

змея

krokodils

крокодил

zoodārza sargs

служитель зоопарка

ronis

тюлень

jaguārs

ягуар

ponijs

пони

leopards

леопард

nīlzirgs

бегемот

žirafe

жираф

ērglis

орёл

meža cūka

кабан

zivs

рыба

bruņurupucis

черепаха

valzirgs

морж

lapsa

лиса

gazele

газель

amerikāņu futbols
американский футбол

riteņbraukšana
езда на велосипеде

teniss
теннис

basketbols
баскетбол

peldēšana
плавание

bokss
бокс

hokejs
хоккей

futbols
футбол

badmintons
бадминтон

vieglatlētika
лёгкая атлетика

rokas bumba
гандбол

slēpošana
лыжный спорт

polo
поло

darbības

действия

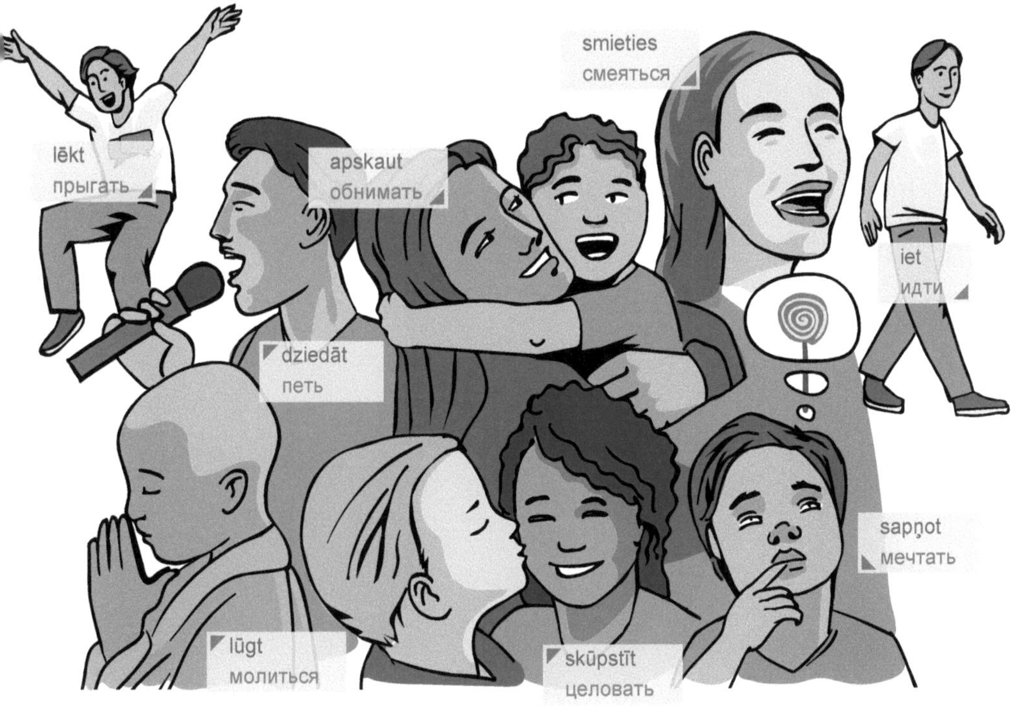
smieties
смеяться
lēkt
прыгать
apskaut
обнимать
iet
идти
dziedāt
петь
sapņot
мечтать
lūgt
молиться
skūpstīt
целовать

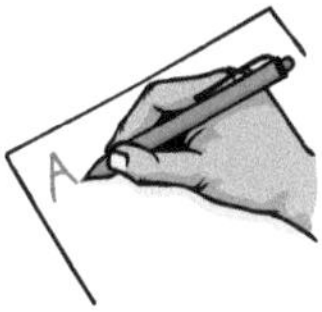

rakstīt

писать

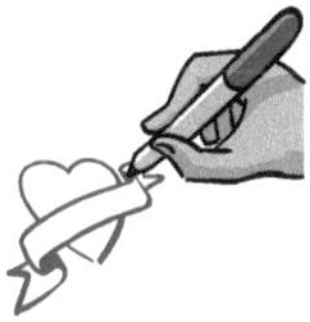

zīmēt

рисовать

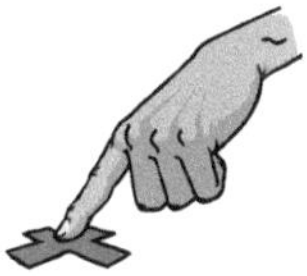

rādīt

показывать

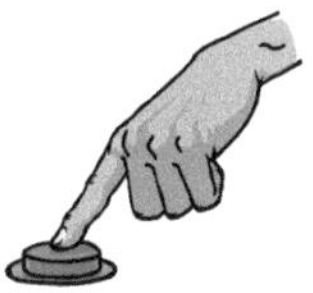

spiest

нажимать

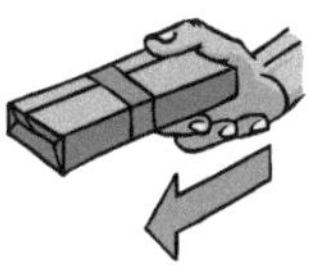

dot

давать

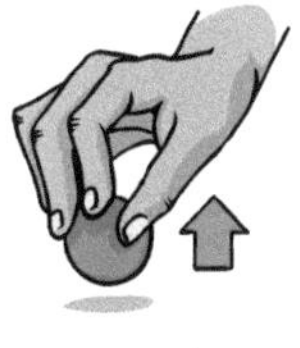

ņemt

брать

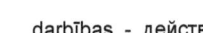

būt
иметь

darīt
делать

būt
быть

stāvēt
стоять

skriet
бежать

vilkt
тянуть

mest
бросать

krist
падать

gulēt
лежать

gaidīt
ждать

nest
носить

sēdēt
сидеть

uzģērbt
надевать

gulēt
спать

pamosties
просыпаться

skatīties

рассматривать

raudāt

плакать

glāstīt

гладить

ķemmēt

причесывать

runāt

говорить

saprast

понимать

jautāt

спрашивать

dzirdēt

слушать

dzert

пить

ēst

кушать

sakārtot

наводить порядок

mīlēt

любить

vārīt

готовить

braukt

ехать

lidot

летать

burot

ходить под парусом

rēķināt

считать

lasīt

читать

mācīties

учиться

strādāt

работать

precēties

вступать в брак

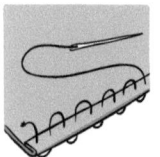

šūt

шить

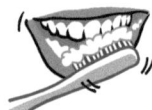

tīrīt zobus

чистить зубы

nogalināt

убивать

smēķēt

курить

sūtīt

отправлять

ģimene
семья

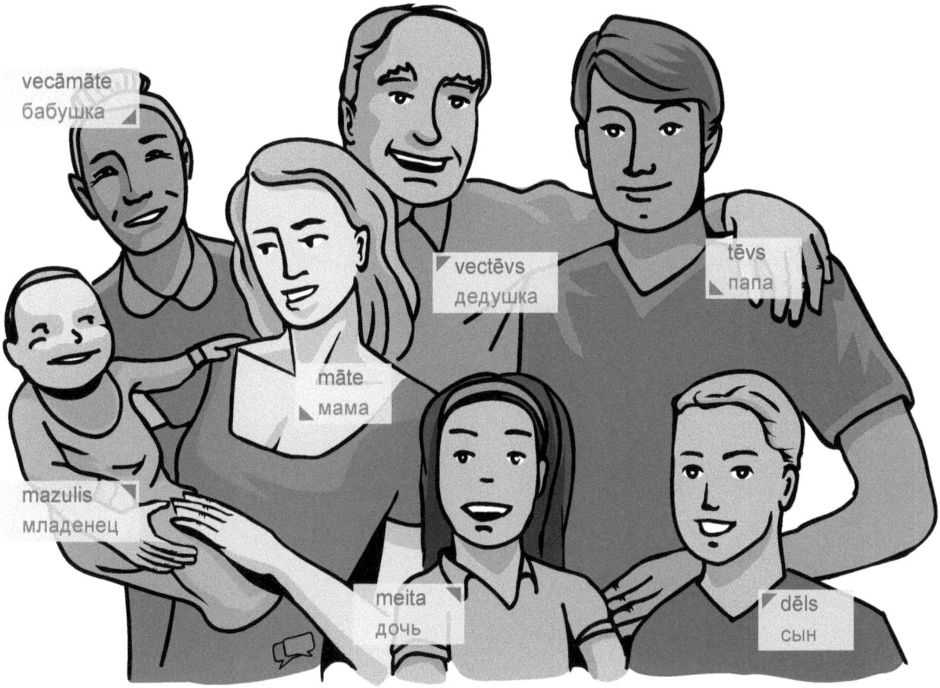
vecāmāte
бабушка
vectēvs
дедушка
tēvs
папа
māte
мама
mazulis
младенец
meita
дочь
dēls
сын

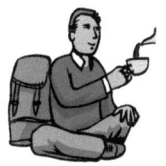

viesis
гость

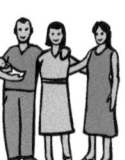

tante
тетя

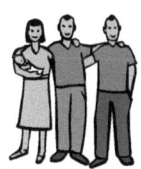

onkulis
дядя

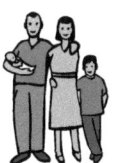

brālis
брат

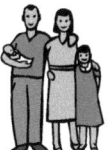

māsa
сестра

ķermenis

тело

piere
лоб
acs
глаз
plecs
плечо
pirksts
палец
seja
лицо
zods
подбородок
roka
кисть
kāja
нога
krūtis
грудь
roka
рука

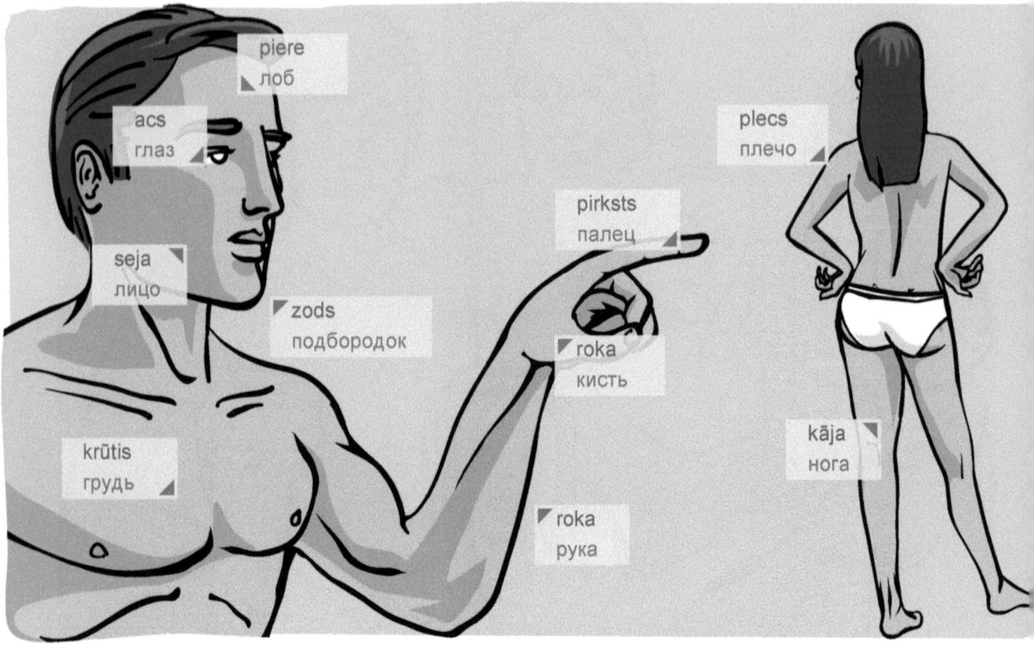

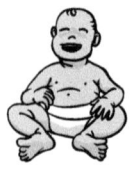

mazulis

младенец

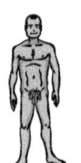

vīrietis

мужчина

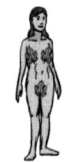

sieviete

женщина

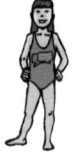

meitene

девочка

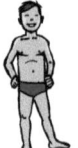

zēns

мальчик

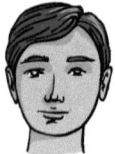

galva

голова

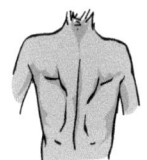

mugura

спина

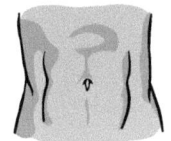

vēders

живот

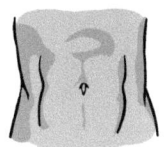

naba

пупок

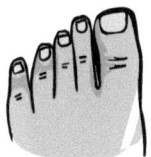

kājas pirksts

палец ноги

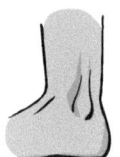

papēdis

пятка

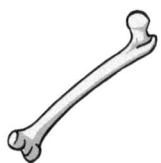

kauls

кость

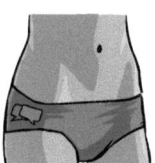

gurns

бедро

celis

колено

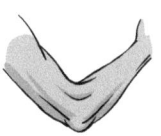

elkonis

локоть

deguns

нос

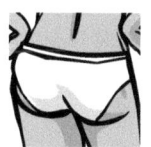

dibens

ягодицы

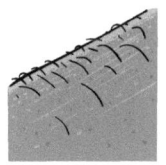

āda

кожа

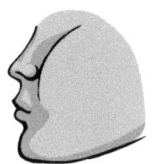

vaigs

щека

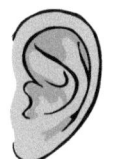

auss

ухо

lūpa

губа

ķermenis - тело

mute
рот

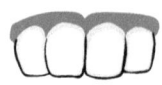

zobs
зуб

mēle
язык

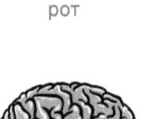

smadzenes
мозг

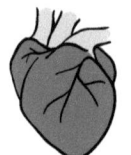

sirds
сердце

muskulis
мышца

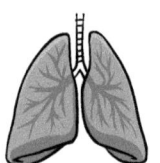

plaušas
лёгкое

aknas
печень

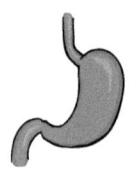

kuņģis
желудок

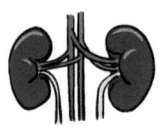

nieres
почки

dzimumakts
половой акт

kondoms
презерватив

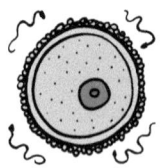

olšūna
яйцеклетка

sperma
сперма

grūtniecība
беременность

ķermenis - тело

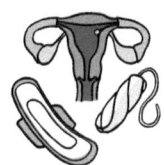

menstruācijas

менструация

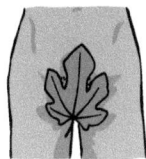

vagīna

вагина

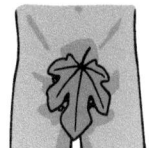

penis

пенис

uzacs

бровь

mati

волосы

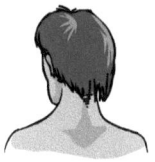

kakls

шея

slimnīca
больница

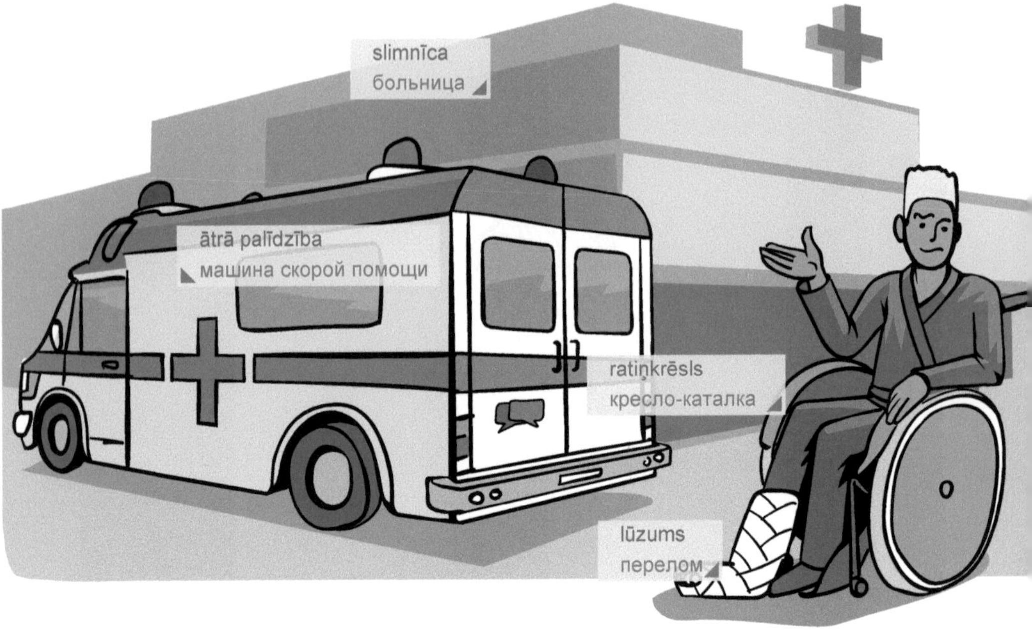

slimnīca
больница
ātrā palīdzība
машина скорой помощи
ratiņkrēsls
кресло-каталка
lūzums
перелом

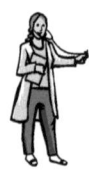

ārsts

врач

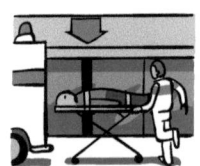

neatliekamās palīdzības nodaļa

пункт первой помощи

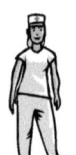

medmāsa

медсестра

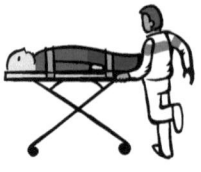

ārkārtas gadījums

неотложный случай

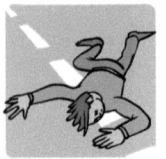

paģībis

без сознания

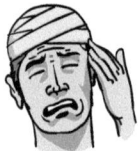

sāpes

боль

ievainojums

повреждение

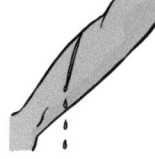

asiņošana

кровотечение

sirdslēkme

инфаркт

insults

инсульт

alerģija

аллергия

klepus

кашель

temperatūra

повышенная температура

gripa

грипп

caureja

понос

galvassāpes

головная боль

vēzis

рак

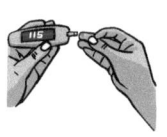

diabēts

диабет

ķirurgs

хирург

skalpelis

скальпель

operācija

операция

datortomogrāfija

КТ

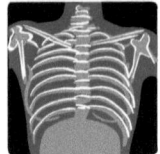

rentgents

рентген

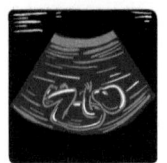

ultraskaņa

ультразвук

sejas maska

маска

slimība

болезнь

uzgaidāmā telpa

приёмная

kruķis

костыль

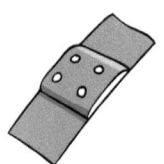

plāksteris

пластырь

apsējs

бинт

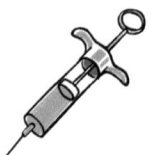

injekcija

укол

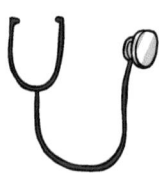

stetoskops

стетоскоп

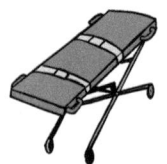

nestuves

носилки

termometrs

термометр

dzemdības

рождение

liekais svars

избыточный вес

dzirdes aparāts

слуховой аппарат

dezinfekcijas līdzeklis

дезинфекционное
средство

infekcija

инфекция

vīruss

вирус

HIV / AIDS

ВИЧ / СПИД

zāles

лекарство

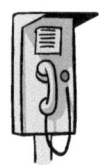

pote

прививка

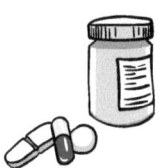

tabletes

таблетки

pretapauglošanās tablete

противозачаточная
таблетка

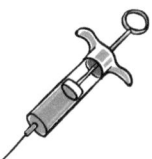

ārkārtas izsaukums

экстренный вызов

asinsspiediena mērītājs

прибор для измерения
кровяного давления

slims / vesels

больной / здоровый

Palīgā!

Помогите!

trauksme

сигнал тревоги

uzbrukums

нападение

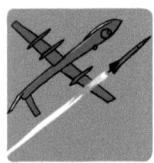

uzbrukums

атака

bīstamība

опасность

avārijas izeja

запасной выход

Uguns!

Пожар!

ugunsdzēšamais aparāts

огнетушитель

negadījums

несчастный случай

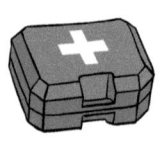

pirmās palīdzības aptieciņa

аптечка

SOS

SOS

policija

милиция

Eiropa

Европа

Ziemeļamerika

Северная Америка

Dienvidamerika

Южная Америка

Āfrika

Африка

Āzija

Азия

Austrālija

Австралия

Atlantijas okeāns

Атлантический океан

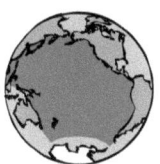

Klusais okeāns

Тихий океан

Indijas okeāns

Индийский океан

Dienvidu okeāns

Антарктический океан

Ziemeļu ledus okeāns

Северный Ледовитый
океан

Ziemeļpols

Северный полюс

Dienvidpols

Южный полюс

Antarktika

Антарктика

zeme

земля

zeme

суша

jūra

море

sala

остров

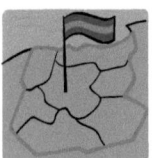

nācija

нация

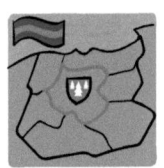

valsts

государство

ciparnīca

циферблат

stundu rādītājs

часовая стрелка

minūšu rādītājs

минутная стрелка

sekunžu rādītājs

секундная стрелка

Cik ir pulkstenis?

Который час?

diena

день

laiks

время

tagad

сейчас

digitālais pulkstenis

электронные часы

minūte

минута

stunda

час

nedēļa

неделя

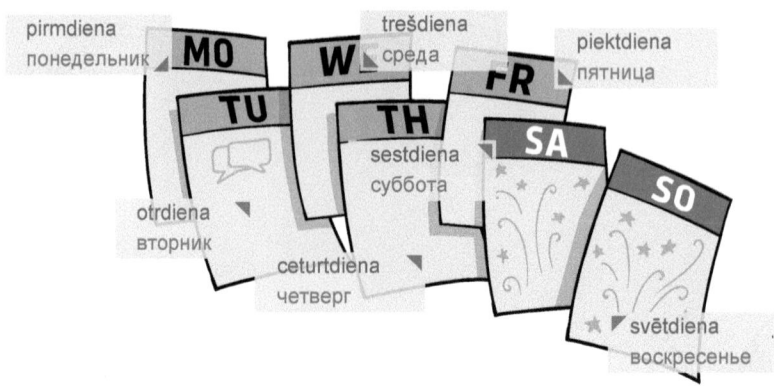

pirmdiena
понедельник

trešdiena
среда

piektdiena
пятница

otrdiena
вторник

ceturtdiena
четверг

sestdiena
суббота

svētdiena
воскресенье

vakardien

вчера

šodien

сегодня

rītdien

завтра

rīts

утро

pusdienlaiks

полдень

vakars

вечер

darbadienas

рабочие дни

brīvdienas

выходные

gads
год

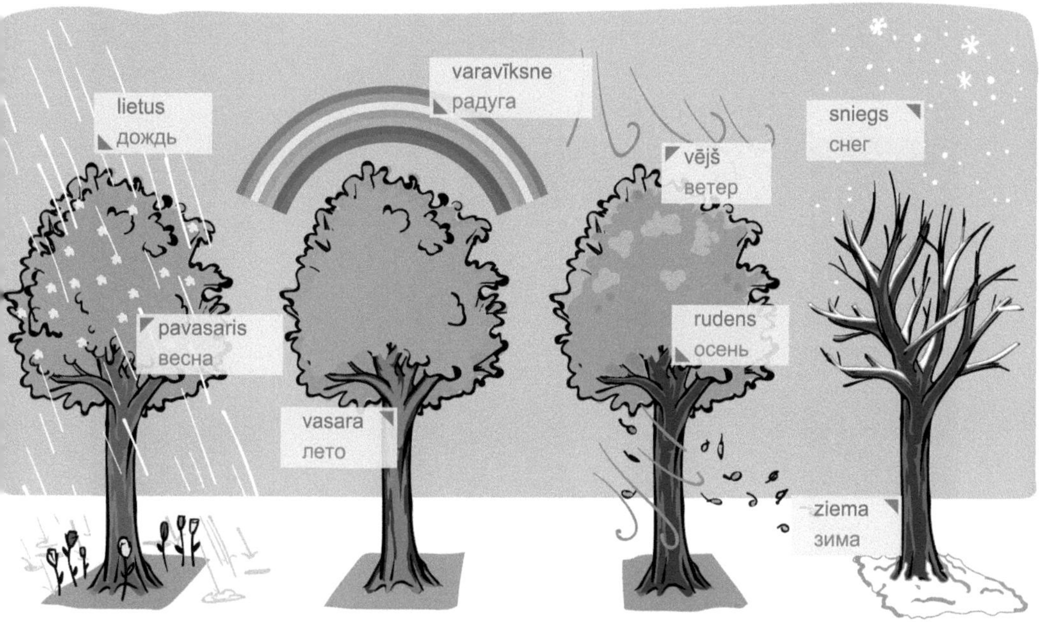

lietus
дождь
varavīksne
радуга
vējš
ветер
sniegs
снег
pavasaris
весна
rudens
осень
vasara
лето
ziema
зима

4.APRIL 11°
5.APRIL 4°
6.APRIL 13°
7.APRIL 8°
8.APRIL 10°

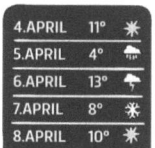

laika prognoze

прогноз погоды

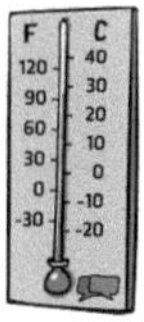

F C
120 90 60 30 0 -30
40 30 20 10 0 -10 -20

termometrs

термометр

saules gaisma

солнечный свет

mākonis

туча

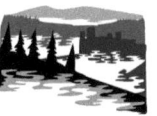

migla

туман

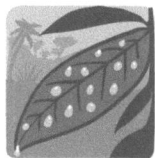

gaisa mitrums

влажность воздуха

zibens

молния

pērkons

гром

vētra

буря

krusa

град

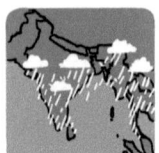

musons

муссон

plūdi

наводнение

ledus

лёд

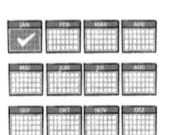

janvāris

январь

februāris

февраль

marts

март

aprīlis

апрель

maijs

май

jūnijs

июнь

jūlijs

июль

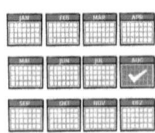

augusts

август

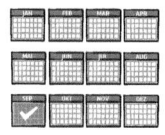

septembris

сентябрь

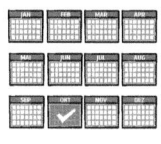

oktobris

октябрь

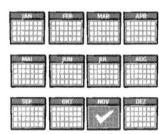

novembris

ноябрь

decembris

декабрь

formas
формы

aplis

круг

kvadrāts

квадрат

četrstūris

прямоугольник

trīsstūris

треугольник

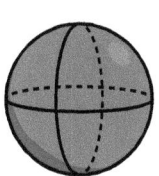

lode

шар

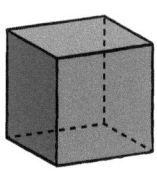

kubs

куб

balts

белый

dzeltens

желтый

oranžs

оранжевый

sārts

розовый

sarkans

красный

lillā

лиловый

zils

синий

zaļš

зелёный

brūns

коричневый

pelēks

серый

melns

черный

daudz / maz

много / мало

saniknots / miermīlīgs

яростный / мирный

skaists / neglīts

красивый / уродливый

sākums / beigas

начало / конец

liels / mazs

большой / маленький

gaišs / tumšs

светлый / темный

brālis / māsa

брат / сестра

tīrs / netīrs

чистый / грязный

pilnīgs / nepilnīgs

полный / неполный

diena / nakts

день / ночь

miris / dzīvs

мёртвый / живой

plats / šaurs

широкий / узкий

baudāms / nebaudāms

съедобный / несъедобный

nikns / laipns

злой / дружелюбный

satraukts / garlaikots

взволнованный /
скучающий

resns / tievs

толстый / худой

pirmais /pēdējais

сначала / в конце

draugs / ienaidnieks

друг / враг

pilns / tukšs

полный / пустой

ciets / mīksts

твёрдый / мягкий

smags / viegls

тяжёлый / легкий

izsalkums / slāpes

голод / жажда

slims / vesels

больной / здоровый

nelegāls / legāls

незаконный / законный

inteliģents / dumjš

умный / глупый

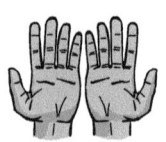

kreisais / labais

слева / справа

tuvu / tālu

близко / далеко

jauns / lietots

новый / подержанный

nekas / kaut kas

ничто / нечто

vecs / jauns

старый / молодой

ieslēgts / izslēgts

включено / выключено

atvērts / slēgts

открыто / закрыто

kluss / skaļš

тихо / громко

bagāts / nabags

богатый / бедный

pareizi / nepareizi

правильный /
неправильный

raupjš / gluds

шероховатый / гладкий

noskumis / laimīgs

печальный / счастливый

īss / garš

короткий / длинный

lēns / ātrs

медленный / быстрый

slapjš / sauss

мокрый / сухой

silts / vēss

тёплый / прохладный

karš / miers

война / мир

pretstati - противоположности

0

nulle

ноль

1

viens

один

2

divi

два

3

trīs

три

4

četri

четыре

5

pieci

пять

6

seši

шесть

7

septiņi

семь

8

astoņi

восемь

9

deviņi

девять

10

desmit

десять

11

vienpadsmit

одиннадцать

12	**13**	**14**
divpadsmit	trīspadsmit	četrpadsmit
двенадцать	тринадцать	четырнадцать

15	**16**	**17**
piecpadsmit	sešpadsmit	septiņpadsmit
пятнадцать	шестнадцать	семнадцать

18	**19**	**20**
astoņpadsmit	deviņpadsmit	divdesmit
восемнадцать	девятнадцать	двадцать

100	**1.000**	**1.000.000**
simts	tūkstotis	miljons
сто	тысяча	миллион

anglu

английский

amerikāņu anglu

американский английский

ķīniešu mandarīnu valoda

мандаринский китайский

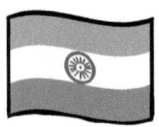

hindi

хинди

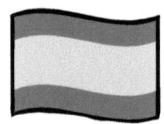

spāņu

испанский

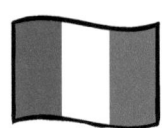

franču

французский

arābu

арабский

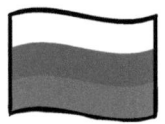

krievu

русский

portugāļu

португальский

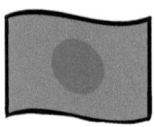

bengāļu

бенгальский

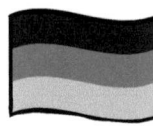

vācu

немецкий

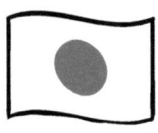

japāņu

японский

es

я

tu

ты

viņš / viņa

он / она / оно

mēs

мы

jūs

вы

viņi / viņas

они

kas?

кто?

ko?

что?

kā?

как?

kur?

где?

kad?

когда?

vārds

имя

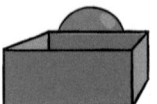

aiz

за

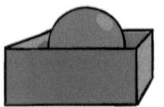

iekšā

в

priekšā

перед

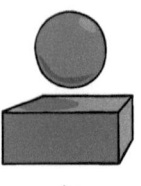

virs

над

uz

на

zem

под

blakus

рядом

starp

между

vieta

место